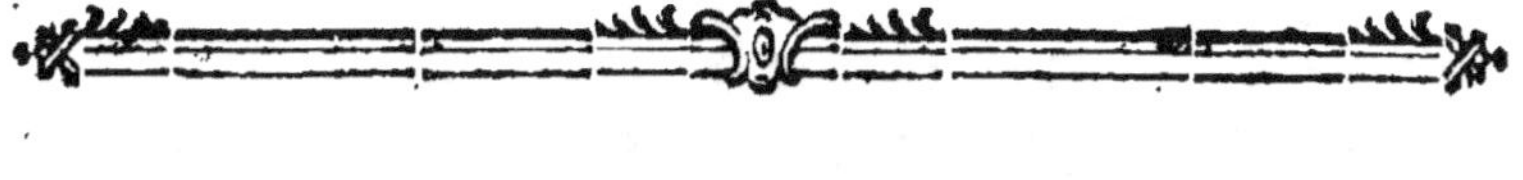

DISCOURS

PRONONCÉ

DANS L'ASSEMBLÉE DES CITOYENS

DE LA

COMMUNE DE POITIERS,

Le 21 Fructidor, an 2.e de la République une & indivisible.

PAR J. B. GENNET.

La Loi eſt l'apui de la Liberté.

Tous les hommes aſpirent à la Liberté. Il eſt
ſi beau de ne dépendre que de ſoi-même, de ſuivre
les mouvemens de ſon cœur, de s'abandoner aux
doux penchans de la nature: mais tous ne ſont
pas également portés à l'amour de la Loi.

L'homme dans ſes grandes deſtinées croit devoir
ſe ſoumetre toutes choſes, & ne s'aſſujétir à rien.
Qu'arive-t-il de-là ? des oppoſitions continueles, des
déchiremens violens dans le monde.

L'un veut, l'autre ne veut pas. L'un commande,
l'autre réſiſte. On s'agite, on ſe tourmente ; le
déſordre & la confuſion s'introduiſent, & l'homme

A

qui fe croyoit fait pour le bonheur eft fort furpris, après bien des peines, de n'avoir appelé que le malheur autour de lui.

Que faire ? établir le regne de la Loi, car je vous ferai voir :

Premiérement, que la Liberté fans la Loi, n'eft qu'une véritable anarchie ; c'eft le pire de tous les états.

Deuxiémement, que la Liberté gouvernée par la Loi, eft la vraie liberté civile, & conftitue le meilleur des Gouvernemens.

PREMIERE PARTIE.

La Liberté fans la Loi, n'eft qu'une véritable anarchie.

Si les hommes étoient nés avec les mêmes difpofitions & les mêmes facultés, fans doute il ne faudroit pas de Loix pour les régir. Leur inclination au bien, la facilité à l'opérer, l'égalité dans les moyens fuffiroient pour leur bonheur commun. La jaloufie ne rétréciroit pas les âmes, la cupidité ne les enflameroit pas, la domination ne les enorgueilliroit point : on les verroit tous amis & freres, empreffés à fe fervir réciproquement.

Mais comme les difpofitions de l'efprit & du corps font fi différentes ; comme les fortunes font fi inégalement réparties, il faut une regle commune

qui conduife également l'ingénieux & l'infensé,
le fort & le foible, le riche & le pauvre ; il faut
un centre d'unité auquel tout fe raporte. Autre-
ment, je vois l'homme adroit enlaffer l'imbécile
dans les piéges qu'il lui aura tendus ; le fort difpu-
ter, ravir la fubfiftance du foible, & celui-ci mourir
de faim ; le riche, toujours en guerre avec le
pauvre ; celui-ci pour fe procurer le néceffaire,
le premier pour fe conferver le fuperflu : je vois
tous les crimes fur la terre & la nature dans le
cahos.

Sans l'établiffement des Loix, le voluptueux fe
livre à toute la fureur de la lubricité : plus d'afyle
inviolable pour la beauté timide ; plus de fauve-
garde pour l'inocence aux abois.

L'ambitieux de fon côté eft prêt à tout facrifier
pour contenter la paffion qui le tourmente : Dieu,
parens, amis, citoyens.... Eh ! que lui importe ?
a-t-il d'autre dieu, que la domination ? d'autres
parens, que l'avarice & la cupidité ? d'autres
amis, que les richeffes ? d'autres citoyens, que les
vils inftrumens de fon ambition ?

Quels moyens n'emploie-t-il pas encore pour
fe procurer l'idole de fon cœur ? la baffeffe &
l'intrigue ; les brigues & les cabales ; le menfonge
& la corruption.

Monftre nourri de tous les crimes, Céfar ne flate
le Peuple que pour le féduire ; ne le careffe que
pour le captiver ; ne paroît le fervir que pour
l'enchaîner : les fuffrages font enfin vendus fur la

A ij

place publique ; & l'homme le plus corrupteur, comme le plus corrompu, est élevé à l'empire.

Citoyens, quel cortége l'environe ? les inimitiés & les haines, les injustices & les proscriptions.

Antoine obtient alors ce qu'il désire ; l'homme franc est éconduit. Que dis-je ! il est proscrit : & l'on voit même atachée à la tribune aux harangues la tête du libérateur de Rome.

Citoyens, l'interregne des Loix est terrible : c'est le someil éfrayant de la vertu ; c'est le cruel réveil du crime.

Quand on s'est une fois écarté de ce guide fidele, on tombe d'infortune en infortune, d'abîme en abîme : on devient le jouet de l'ambition, la victime de la scélératesse. Eh ! à qui avoir recours dans cette calamité publique ? à l'homme en place ? il n'écoute que ses créatures. A la justice ? il n'en existe plus. A la vertu ? il est dangereux d'en montrer ; car faisant la satyre du vice, elle offre un aspect importun : le méchant n'aime pas ce qui l'ombrage ; coûte qui coûte, il faut que cette ombre disparoisse. Ainsi du silence des Loix vient le silence des vertus ; du silence des vertus, la perte de la Liberté ; de la perte de la Liberté, l'anarchie ; de l'anarchie, le despotisme le plus afreux.

Alors on voit les gens probes contraints de fuir & se cacher ; la dépravation, lever une tête altiere & dominer avec audace : alors on n'entend que gémissemens & sanglots. . . . . .

(5)

Des Républicains font traînés en captivité ; des femmes éplorées redemandent à grands cris leurs époux ; des filles défolées, leurs meres ; des enfans fans foutien, leurs peres : l'hofpitalité eft violée ; les foyers domeftiques pollués ; la nature méconue ; & la fociété renversée.

Alors la terre ne donne plus de fruits : le laboureur fugitif regagne à regret fa chaumiere ; & maudiffant fes outils & fon art, il abandone un champ qui ne produit plus pour lui.

Alors la mifere & la faim fe font fentir avec toutes leurs horreurs. Alors la mort. . . . eft un bienfait de la nature.

Citoyens ! tel eft l'état afreux de l'indépendance de la Loi. Tels font les malheurs de l'anarchie. En eft-il de plus déchirans ? qui pouroit furnager au déluge de tant de maux ? l'homme dans cette tempête éfroyable de tous les crimes, tel qu'un vaiffeau fans pilote, & batu des vents & des flots, va être abîmé dans une mer de défolation.

Que faire pour prévenir ces défaftres ? fe plier à tous les défordres ? s'abandoner au torrent de l'iniquité ? non, Citoyens : une telle lâcheté ne convient qu'à des efclaves. Il faut montrer un grand courage ; & prenant l'atitude fiere de la liberté, il faut défier tous les crimes, en faififfant d'une main ferme le glaive de la Loi.

Que le déforganifateur tremble ; que l'ambitieux pâliffe ; que le confpirateur tombe pour le falut des citoyens : le grand jour de la juftice nationale eft levé fur la France pour le Peuple.   A iij

Sainte Montagne ! ô toi d'où partent ſes premiers rayons ! éclaire tous les projets pervers : dévoile tous les machinateurs perfides : qu'ils n'oſent fixer tes regards perçans ; qu'ils rentrent dans la pouſſiere à ta vue. La mort & le néant pour ces infâmes ennemis du Peuple.

La Vertu, voilà ton regne ; la Patrie, voilà ton culte ; le Salut des citoyens, voilà l'objet de tes travaux & de tes vœux ; la Loi, la Loi, voilà ta puiſſance & ta force ; car elle ſeule peut maintenir le gouvernement populaire, & aſſurer à jamais la proſpérité de la République. C'eſt ce que je vais vous démontrer tout à l'heure.

DEUXIEME PARTIE.

La Liberté gouvernée par la Loi, eſt la vraie Liberté civile.

C'eſt une belle alliance ſans doute, que celle de la Loi avec la Liberté.

L'une eſt ſage ; l'autre pleine de douceur. Celle-ci n'aime pas la gêne ; celle-là ne ſoufre rien qui la bleſſe.

La Liberté eſt un torrent qui déborde ; la Loi eſt un fleuve majeſtueux qui ne franchit jamais ſes limites.

La premiere eſt vive & tumultueuſe ; la ſeconde eſt calme & paiſible.

En un mot la Loi a autant de force pour

retenir, que la Liberté a de penchant pour entraîner ; de maniere que de leur alliance naît l'équilibre le plus parfait.

Tout profpere fous leur union : c'eft un beau ciel que le pere de la lumiere éclaire de fes regards : c'eft un axe fixe fur lequel tout tourne fans défordre.

Voyez les mouvemens des corps céleftes. Avec quelle précifion, avec quelle jufteffe ils décrivent le cercle qui leur eft prefcrit ? aucun ne fe dérange dans fa courfe ; aucun ne porte obftacle à celui qui le fuit. Ils fe fuccedent depuis des fiecles innombrables dans un ordre merveilleux....

Citoyens ! en favez-vous la caufe ? c'eft qu'avec la liberté de fe mouvoir, ils ont des loix fages & immuables pour régler leurs mouvemens.

La fageffe & l'immutabilité des Loix font en effet, dans la nature, comme en politique, le principe vivificateur & confervateur de toutes chofes : par elles les faifons fe reproduifent dans un temps déterminé.

Ce font elles qui au printemps nous donnent des fleurs odorantes ; en été, d'abondantes moiffons ; en automne, des fruits délicieux.

Ce font elles qui ont marqué l'hiver pour le repos de la nature.

Par elles l'œil fatisfait fe promene agréablement fur des tapis de gazon & de verdure ; le taureau vigoureux bondit joyeufement dans nos prés ; mille & mille oifeaux s'élevent gaiement dans les airs, en chantant leurs amours; une douce flamme gâgne infenfiblement tous les cœurs, & produit tous les êtres.

Ce font elles qui infpirent aux peres & meres tant de foins pour leurs petits, dès qu'ils font nés, jufqu'à ce qu'ils foient en état de fe fervir eux-mêmes.

Ce font elles qui veillent fans ceffe à l'entretien & à la confervation de l'univers. Par elles la diligente abeille forme & régit fa république, ou tout demeure en commun; le néceffaire eft acordé à tous; le fuperflu n'eft à perfone, & eft confervé pour le tréfor public; ou nul individu ne refte oifif; ou tous travaillent pour l'intêrêt général; d'où le confommateur inutile eft enfin chafsé.

En politique c'eft la même chofe.

La Liberté unie à la Loi eft le principe créateur & confervateur de la fociété humaine : c'eft la fphere du bonheur du monde; leur acord & leur harmonie en font les diverfes périodes.

Voyez fous leur regne fe former par-tout d'heureux mariages. L'homme choifit amoureufement fa compagne : la femme fe donne librement un époux; & tous deux au fein de la confiance & de l'amitié jouiffent des plus pures délices, jufque dans l'âge le plus avancé.

Leur vie eft une fucceffion de plaifirs. Jeunes, ils fe livrent avec ardeur au rapide penchant de leurs vifs & mutuels défirs. Vieux, ils s'aiment encore & s'affiftent.

Une nombreuſe & joyeuſe famille, élevée dans la paix d'une étroite union, prolonge le charme de leur exiſtence. Bons fils, ils devienent bons peres : bons peres, ils ſont bons citoyens.

Quelle félicité que celle de pareils ménages ! tout y eſt gai ; tout y eſt beau ; tout y reſpire la sérénité & le contentement : c'eſt l'aurore de la proſpérité publique.

L'homme ſatisfait de ſon choix, s'atache à ſa maiſon, qui eſt pour lui le temple de la concorde. Là, nulle paſſion haineuſe ne ſe fait entendre ; là, tous les ſentimens affectueux ſe ſuccedent ; là, l'égoïſme n'a point de priſe ; là, eſt le foyer de l'amour de la Patrie.

Comme on chérit l'état qui procure tant de douceurs ! comme on eſt diſposé à le défendre au prix de tout ſon ſang !

C'eſt encore là que le Philoſophe ſe recueille, & y médite tout à ſon aiſe des leçons de ſageſſe pour le bonheur des humains ; que le politique aprofondit les grands objets d'intérêt public ; & qu'entouré des charmes de la paix, il cherche les moyens de la rendre univerſele ; que le négociant honête, ſans cupidité, ſans ambition, ne ſonge à remplir ſes magaſins que pour l'abondance de ſon pays ; content d'un petit bénéfice qui le mette à même d'élever ſa famille.

C'eſt auſſi par l'atachement à ſes foyers domé-ſtiques, & par les douces Loix qui l'y maintienent en tranquillité, que l'ouvrier ne ſe plaît qu'à ſon âtelier, & y travaille, toujours chantant, pour la gloire de la République.

Oui, citoyens! l'union de la Loi avec la Liberté, est la source féconde de tous les biens.

C'est elle qui donne des ailes au génie; de l'activité au commerce; de l'émulation à l'industrie: c'est elle qui produit chaque jour mille & mille chefs-d'œuvres divers, qui fait briller les sciences & les arts dans toute leur splendeur, en les dirigeant vers ce qui est utile, bon, juste, honête; qui envoie le marchand d'un bout du monde à l'autre, afin de rendre communes à tous les hommes les richesses de l'univers.

C'est elle qui engage le cultivateur à engraisser, à travailler, à retourner, & retourner la terre en cent & cent façons différentes, pour la plus grande fécondité de la nature, sûr que sa peine ne sera pas perdue, & qu'une main impie n'en partagera pas les récoltes.

Quel mouvement! quel concours extraordinaire! quelle variété d'hommes & de productions! quel mêlange! quelle abondance de toutes choses! Citoyens! c'est que les barieres du monde sont levées; c'est que tous les humains sont égaux & freres; c'est qu'ils n'ont plus qu'un cœur & qu'un esprit, celui de s'entr'aider à tout moment; c'est que la même Providence les conduit tous; leurs besoins sont satisfaits; la sûreté de leurs persones, maintenue; la jouissance de leurs droits assurée; c'est qu'on célebre par-tout, avec joie, la belle alliance de la Loi avec la Liberté.

Réjouiffez-vous, Citoyens vertueux & fenfibles ; vous allez vous repofer en paix, fous leur égide impénétrable. Vous n'avez rien à craindre des traits empoifonés de la calomnie & des fureurs de l'ambition. Car c'eft cette union fortunée qui déjoue les projets pervers des confpirateurs, en favorifant la dénonciation civique des vrais amis de la Patrie.

C'eft par elle que l'on fuit pas à pas les tyrans jufque dans l'antre ténébreux de leurs complots homicides ; c'eft par fa puiffance & fa force qu'ils font auffi-tôt renversés qu'élévés.

C'eft elle qui arrache le mafque de l'hypocrite en dévoilant fes impoftures ; c'eft elle qui éteint la torche de la guerre civile, dans la main incendiaire du fanatique ; c'eft elle enfin qui éleve les âmes à la Divinité, par les élans purs & fublimes de la nature.

En un mot, elle eft le jour de la raifon, la derniere heure du crime, le regne éternel de l'ordre & du bonheur.

Loix facrées ! Liberté fainte ! joies & délices des humains, reftez toujours unies ; dirigez nos efprits ; embrâfez nos cœurs ; foyez nos divinités tutélaires.

Que le fanatique viene reconoître fes erreurs au pied de vos autels ! qu'il confeffe hautement fa folie & votre fageffe ; fon impiété & votre juftice ; fes attentats & vos bienfaits !

Veillez fur l'ambitieux ; éclairez fa marche tortueufe ; comprimez fes mouvemens défordonés.

Écrafez le monftre de l'anarchie ; lancez la foudre contre les defpotes ; pourfuivez-les fur terre & fur mer ; & exterminez-les totalement.

Alors nous verrons fe lever le beau jour de la félicité univerfele ; l'égalité raprochera tous les hommes ; la fraternité les unira ; la profpérité comblera leurs défirs : & nous jouirons de la plénitude du bonheur au fein d'une paix éternele. Alors notre vie ne fera que le fentiment prolongé du plaifir ; & notre mort, le fomeil tranquille de la vertu.

La Société ayant entendu la lecture du préfent Difcours, en a arrêté l'impreffion à l'unanimité, au nombre de deux mille exemplaires, & la diftribution aux citoyens.

Signé, GRILLAUD, *Secrétaire.*

De l'Imprimerie de BARBIER.